Armin Täubner

Hui, der Herbst beginnt

mit Windowcolor und Tonkarton

frechverlag

Auf dem Heimweg

(Abbildung auf Seite 1)

Windowcolor

Kontur: *Schwarz*
Farben: *Weiß, Gelb, Saftgrün, Hellbraun, Mittelbraun, Kirschrot, Kristallklar*

Zum Fressen gern

(Abbildung auf Seite 3)

Windowcolor

Kontur: *Schwarz*
Farben: *Weiß, Hellbraun, Gelb, Orange, Hellgrün, Kirschrot, Schwarz*

Fotos: frechverlag GmbH + Co. Druck KG, 70499 Stuttgart;
Fotostudio Täubner

Dieses Buch enthält:
2 Vorlagenbogen

Auflage: 5. 4. 3. 2. 1. | Letzte Zahlen
Jahr: 2004 2003 2002 2001 2000 | maßgebend

frechverlag GmbH + Co. Druck KG, 70499 Stuttgart

ISBN 3-7724-2641-7 · Best.-Nr. 2641

Druck: frechverlag GmbH + Co. Druck KG, 70499 Stuttgart

Wenn draußen die Früchte reif und prall sind, sind die Tiere nicht mehr zu halten. Überwältigt von dem Überfluss an Leckerbissen essen sie sich zuerst einmal so richtig satt. Bei der herzhaften Kostprobe kann es schon mal vorkommen, dass jemand in einen sauren Apfel beißt oder dass der Pilz nicht ganz so schmeckt wie erwartet. Natürlich ist es auch nicht ganz ungefährlich, wenn man um diese Jahreszeit unterwegs ist. Man muss mit allerlei Fallobst, Kastanien und Ähnlichem rechnen, das einem auf den Kopf fallen kann. Begleiten Sie die Tiere beim Sammeln und Ernten und beim Schlemmen. Und jetzt haben Sie die Wahl: Sie können die lustigen Szenen mit Windowcolor oder mit Tonkarton nacharbeiten.

Fensterbilder aus Windowcolor

So wird's gemacht

1. Abpausen und Konturen malen

Pausen Sie das Motiv auf Transparentpapier (Architektenpapier) ab oder fertigen Sie einfach eine Fotokopie des Motivs an. Stecken Sie das abgepauste Motiv bzw. die Fotokopie in eine Klarsichthülle (Prospekthülle) aus Polyethylen oder aus Polypropylen im Format DIN A4. Sie können auch eine spezielle Malfolie verwenden. Klarsichthüllen haben den Vorteil, dass die abgepauste oder kopierte Vorlage einfach hineingesteckt wird, während bei einer Folie die Vorlage von hinten mit Klebefilm befestigt werden muss. Um das Arbeiten zu erleichtern, können Sie noch einen Karton im selben Format (DIN A4) in die Klarsichthülle hinter das Motiv schieben.

Nun werden die Konturen der Vorlage mit der Konturenfarbe nachgezogen. Die Konturenfarbe trocknet je nach Fabrikat drei bis acht Stunden (Angaben des Herstellers beachten).

2. Ausmalen

Es folgt das Ausmalen der Konturen mit den Füllfarben. Diese Farben sind dünnflüssiger als die Konturenfarbe. Die Füllfarbe wird in kreisenden Bewegungen aufgetragen. Sie kann auch als Klecks aufgebracht und dann mit einem Zahnstocher verteilt werden. Achten Sie darauf, dass die Füllfarbe in jedem Motivfeld ringsum direkt an die Konturenfarbe anschließt - sie kann diese ruhig auch ein wenig überdecken. Tragen Sie die Farbe nicht zu dünn auf. Die frisch aufgetragene Farbe ist meist leicht milchig und wird erst, nachdem sie vollständig getrocknet ist, transparent. Die Trocknungszeit beträgt etwa einen Tag (Herstellerangaben beachten).

Tipp

Aus Stabilitätsgründen sollten die freien Innenflächen des Motivs immer mit Kristallklar ausgemalt werden. Diese Farbe ist beim Auftrag milchig, trocknet aber farblos an.

3. Abnehmen

Sobald das Motiv gut durchgetrocknet ist, können Sie es vorsichtig von der Folie abziehen und auf der Fensterscheibe glatt streichen. Windowcolor haftet auf allen glatten Oberflächen, lässt sich leicht abnehmen und an anderer Stelle wieder fixieren. Da die Farbe temperaturabhängig ist, empfiehlt es sich, Fensterbilder bei mittleren Temperaturen abzunehmen.

Weitere Tipps und Tricks

Korrekturen

Größere Bereiche werden mit leicht angefeuchtetem Küchenpapier abgewischt. Für kleinere Korrekturen eignen sich Wattestäbchen. Wenn Sie ein Feld mit der falschen Farbe ausgefüllt haben oder zuviel Farbe in ein Feld geraten ist, tupfen Sie es mit Küchenpapier bzw. Wattestäbchen aus. Ist die zu korrigierende Farbfläche größer und teilweise schon leicht angetrocknet, sollte die ganze Farbe aus der Fläche entfernt werden.

Luftblasen

Überprüfen Sie die Konturen und später die Farbflächen immer wieder auf Luftblasen und stechen Sie diese mit einem Zahnstocher oder Ähnlichem auf, solange die Farbe noch feucht ist.

Aufbewahrung und Transport

Sie schneiden am besten eine Klarsichthülle an der Längsseite (gegenüber von dem weißen Lochstreifen) auf und legen das Motiv dazwischen.

Fensterbilder aus Tonkarton

So wird's gemacht

1. Schablonen herstellen

Pausen Sie die Motivteile nebeneinander mit Bleistift auf Transparentpapier (Architektenpapier) ab und kleben Sie das Papier auf einen dünnen Karton.
Nun werden die Motivteile mit Schere oder Cutter (Bastelmesser) ausgeschnitten. Achten Sie beim Arbeiten mit dem Cutter auf eine geeignete Schneideunterlage. Die ausgeschnittenen Teile sind Ihre Schablonen.

2. Motivteile übertragen

Übertragen Sie die Umrisse der Schablonen in der benötigten Anzahl auf Tonkarton.

3. Motivteile ausschneiden

Schneiden Sie die Motivteile aus. Falls Sie zwei exakt gleiche Motivteile benötigen, schneiden Sie das entsprechende Teil zunächst nur grob aus und heften es mit einem Tacker auf ein zweites, etwa gleich großes und gleichfarbiges Kartonstück. Wenn Sie nun den Umriss nachschneiden, erhalten Sie zwei identische Motivteile.

4. Motiv zusammenkleben

Es folgt das Zusammenkleben der Teile. Als Augen werden schwarze und weiße Klebepunkte (ø 8 und 12 mm) aus dem Fachhandel verwendet. Mit einem weißen Lackstift oder Ähnlichem können Sie noch Lichtreflexe auf die schwarzen Pupillen malen.

Tipp

Sollen Vorder- und Rückseite gleich aussehen, müssen Sie fast alle Motivteile doppelt ausschneiden. Diese Teile werden in der gleichen Reihenfolge, jedoch spiegelverkehrt auf die Rückseite geklebt.

Zum Fressen gern

Motivgröße: 17 cm x 22 cm

Tonkarton

Malen Sie die schwarzen Linien auf den Kürbis und bringen Sie den Stiel und die orangerote Fruchtfleischfläche an. Nun wird der Kürbis am Bärenrumpf befestigt. Kleben Sie das Ohr, den Mund, die Füße, den Arm und die rechte Hand mit dem Kürbisstück an. Das Auge besteht aus zwei Klebepunkten (ø 8 und 12 mm).

Fröhliche Erntezeit

Tonkarton

Bringen Sie am Rumpf des linken Hamsters die Hinterbeine an. Dann wird der Pilz angeklebt. Es folgen die Innenohrflächen, die Hände und die Zähne. Nun malen Sie das Hamstergesicht auf. Fixieren Sie den Hamster auf dem Grasbüschel.

Am Kopf des rechten Hamsters werden Zähne, Innenohrflächen und Nase angeklebt, dann kann das Gesicht aufgemalt werden. Befestigen Sie die weiße Brust-Bauchfläche und die Füße. Die Arme samt Händen werden so angebracht, dass noch die beiden Ähren untergeschoben werden können.

Motivgröße: 21 cm x 27 cm

Windowcolor (ohne Abbildung)

Kontur: *Schwarz*
Farben: *Hellbraun, Weiß, Hautfarbe, Hellgrün, Kirschrot, Zitronengelb*

Die Hamstergesichter und die Strukturen auf den Ähren werden, wenn die Farben trocken sind, mit einem wasserfesten schwarzen Filzstift aufgemalt.

Im Schlaraffenland

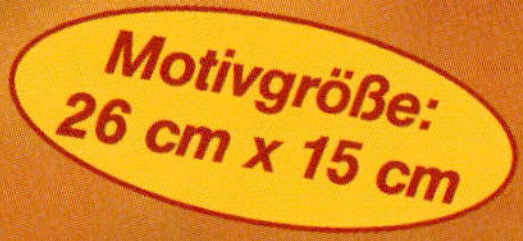

Tonkarton

Am Kopf werden Nase (Klebepunkt ø 8 mm) und Ohr angebracht. Dann malen Sie das Gesicht auf. Das linke Bein wird von hinten so befestigt, dass der Fuß das rechte Knie verdeckt. Kleben Sie nun die Arme samt Eichel an. Zwei Walnüsse werden auf die Bodenfläche geklebt, sie dienen der Maus als Kopfkissen. Ergänzen Sie die restlichen Eicheln und die Nuss.

Windowcolor

Kontur: *Schwarz*
Farben: *Grau, Weiß, Hellbraun, Mittelbraun, Hellgrün, Saftgrün*

Das Gesicht und die Strukturen auf den Eicheln und Nüssen können auch nachträglich mit einem schwarzen wasserfesten Filzstift aufgemalt werden.

Alles Gute kommt von oben!

Tonkarton

Befestigen Sie am Entenkopf zuerst das gepunktete und dann das gestrichelte Schnabelteil. Die Augen werden mit einem schwarzen Filzstift und einer Kreisschablone aufgemalt. Ergänzen Sie noch die Beine.

Windowcolor

Kontur: *Schwarz*
Farben: *Weiß, Gelb, Hellgrün, Hellbraun, Mittelbraun*

Die Struktur der Kastanie kann auch nachträglich mit einem schwarzen wasserfesten Filzstift aufgemalt werden.

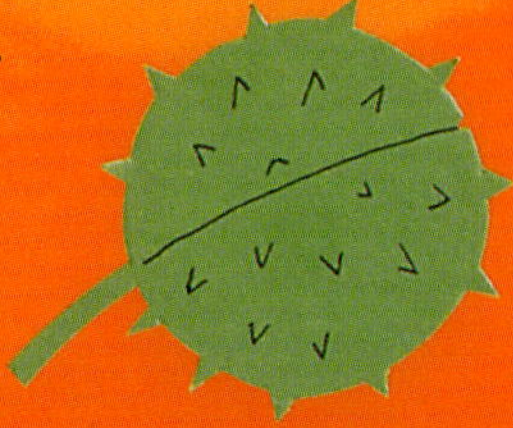

Motivgröße:
13 cm x 20 cm

Wohl bekomm's

Motivgröße:
21 cm x 31 cm

Tonkarton

Beide Hasen werden aus denselben Teilen zusammengeklebt. Nur der Gesichtsausdruck und die Pilze sind unterschiedlich. Als Augen dienen Klebepunkte (ø 8 und 12 mm). Die Lamellen des Fliegenpilzes werden mit einem schwarzen Filzstift aufgemalt und die weißen Punkte mit einem Lackstift aufgetupft.

Windowcolor (ohne Abbildung)

Kontur: *Schwarz*
Farben: *Hellbraun, Dunkelbraun, Weiß, Rubinrot, Grau*

Die Hasengesichter und die Pilzlamellen werden nachträglich mit einem schwarzen wasserfesten Filzstift aufgemalt.

Dinner for two

Tonkarton

Bringen Sie den Kopf des Igels und drei Blätter von hinten am stacheligen Rumpf an. Auge und Nase sind Klebepunkte (ø 8 mm). Pupille und Mund werden aufgemalt.
Den Schnabel der Amsel ergänzen. Das Amselauge ist ebenfalls ein Klebepunkt.
Ordnen Sie den Igel, die Amsel und dazwischen den Apfel auf der Grünfläche an.

Windowcolor

Kontur: *Schwarz*
Farben: *Schwarz, Hellbraun, Mittelbraun, Rubinrot, Gelb, Orange, Saftgrün, Weiß*

Die Blattadern können auch erst zum Schluss mit einem schwarzen wasserfesten Filzstift aufgemalt werden.

Motivgröße:
29 cm x 15 cm

Stürmische Zeiten

Tonkarton

Am Mäusekopf werden die Ohren und die Nase angebracht. Das Auge ist ein Klebepunkt (ø 12 mm) mit aufgemalter Pupille. Nun wird der Schirm zusammengesetzt, an den Händen befestigt und das separate Fingerteil aufgeklebt. Mit schwarzem Filzstift werden die Linien eingezeichnet.

Windowcolor

Kontur: *Schwarz*
Farben: *Grau, Weiß, Schwarz, Rubinrot, Braun, Orange, Gelb, Kristallklar*

Malen Sie die Flächen zwischen Schwanz und Rumpf sowie zwischen Schirmstock und Kopf mit Kristallklar aus.

Motivgröße:
15 cm x 27 cm

Bei der Weinlese

Tonkarton

Am Kopf kleben Sie zuerst das weiße und dann das schwarze Gesichtsteil an (gepunktete bzw. gestrichelte Linie). Das Auge besteht aus zwei Klebepunkten (ø 8 und 12 mm). Es folgen die beiden Ohren, die Hand und der Schwanz. Auf die Weintraube werden einige separat ausgeschnittene Beeren geklebt.

Windowcolor

Kontur: *Schwarz*
Farben: *Grau, Weiß, Schwarz, Ultramarinblau, Rubinrot, Orange, Gelb, Hellgrün*

Die Blattadern und der Waschbärmund können auch nachträglich mit einem schwarzen wasserfesten Filzstift aufgemalt werden.

Motivgröße: 29 cm x 16 cm

Sauer macht lustig

Motivgröße: 19 cm x 23 cm

Tonkarton

Kleben Sie die Ohren, das weiße Brust-Bauchteil und die Schwanzspitze an. Auge und Nase sind Klebepunkte (ø 8 und 12 mm). Mit dem Filzstift werden die Pupille, der Mund sowie die Trennlinien an den Füßen aufgemalt.

Windowcolor

Kontur: *Schwarz*
Farben: *Orange, Schwarz, Weiß, Hellgrün, Braun*

Die feinen, schwarzen Linien an Mund und Füßen können auch nachträglich mit einem schwarzen wasserfesten Filzstift aufgemalt werden.

Überraschende Begegnung

Motivgröße: 28 cm x 17 cm

Tonkarton

Der Maus werden Ohren, Auge, Nase (Klebepunkt ø 12 mm) und Arm angeklebt. Am Apfel befestigen Sie Stiel und Blatt, bevor Sie die Raupe anbringen. Danach kleben Sie die Maus an den Apfel. Zum Schluss werden die schwarzen Linien mit Filzstift eingezeichnet.

Windowcolor

Kontur: *Schwarz*
Farben: *Grau, Weiß, Schwarz, Mittelbraun, Rubinrot, Gelb, Hellgrün*

Die Barthaare und die Blattadern können auch nachträglich mit einem schwarzen wasserfesten Filzstift aufgetragen werden.

Liebe geht durch den Magen

Tonkarton

Befestigen Sie am Kopf zuerst das weiße und dann das schwarze Gesichtsteil. Es folgen das Klebepunkt-Auge (ø 8 und 12 mm), die Ohren, die Hand und der Schwanz. Malen Sie mit Filzstift die schwarzen Linien auf den Kürbis und kleben Sie den Stiel an. Nun kann der Waschbär den Leckerbissen in die Arme nehmen.

Windowcolor

Kontur: *Schwarz*
Farben: *Grau, Schwarz, Weiß, Orange, Hellgrün*

Die Struktur des Kürbisses kann auch nachträglich mit einem schwarzen wasserfesten Filzstift aufgemalt werden.

Motivgröße: 24 cm x 19 cm

Auf Versteck-suche

Tonkarton

Am Kopf werden die Klebepunktaugen (ø 8 und 12 mm) und die weißen Ohrinnenflächen angebracht. Malen Sie das Gesicht auf. Nun kleben Sie die weiße Brust-Bauchfläche, die Eicheln und die Hand bzw. den Arm an. Der Schwanz wird von hinten am Rumpf befestigt.

Windowcolor

Kontur: *Schwarz*
Farben: *Orange, Weiß, Hellgrün, Saftgrün*

Nase, Barthaare, Mund und die Struktur auf den Eicheln können auch nachträglich mit einem schwarzen wasserfesten Filzstift aufgemalt werden.

Motivgröße:
20 cm x 21 cm

Heute ist Obsttag

Tonkarton und Regenbogenkarton

Kleben Sie den hellbraunen Igelkörper auf die dunkelbraunen Stacheln. Nun werden die Klebepunkt-Augen (ø 8 und 12 mm) angebracht. Malen Sie das Gesicht auf. Die Früchte werden aus Regenbogenkarton ausgeschnitten. Jetzt können Sie die Stiele und die vertrockneten Kelchblätter aus Tonkarton ergänzen. Zum Schluss werden die Hände angeklebt.

Windowcolor (ohne Abbildung)

Kontur: *Schwarz*
Farben: *Hellbraun, Mittelbraun, Weiß, Rubinrot, Gelb*

Die Mundwinkel des Igels können auch nachträglich mit einem schwarzen wasserfesten Filzstift aufgetragen werden.

Motivgröße: 15 cm x 23 cm

Guten Flug!

Tonkarton

Zeichnen Sie auf die Maiskolben mit Bleistift ein Gitternetz aus leicht gebogenen Linien. Die Gitterkästchen werden an den Ecken zu Maiskörnern abgerundet. Nun können die Blätter angeklebt werden.
Befestigen Sie am Rabenkopf den zweiteiligen Schnabel und das Klebepunkt-Auge (ø 8 und 12 mm). Es folgen die Beine, die Maiskolben und der Flügel.

Windowcolor (ohne Abbildung)

Kontur: *Schwarz*
Farben: *Schwarz, Gelb, Weiß, Zitronengelb, Rubinrot*

Die Maiskörner und die Struktur auf den Blättern werden nachträglich mit einem schwarzen wasserfesten Filzstift aufgemalt.

Motivgröße: 30 cm x 19 cm

Auf dem Heimweg

Motivgröße: 18 cm x 23 cm

Tonkarton

Ist der Schnabel angeklebt, wird der Hut aufgesetzt und das geschlossene Auge aufgemalt. Es folgen die Füße, die Leiter, der Flügel und zum Schluss der Beerenkorb.